AF261010

Historia 1

Una historia divertida que conozco sobre bebés es de cuando estaba ayudando a mi entonces mejor amiga a cuidar a su hermanito pequeño. No estábamos tan familiarizadas con los bebés, pero ayudábamos a su mamá lo suficiente como para que fuera a comprar y nos confiara al pequeño. Cuando estábamos cambiándole los pañales, le sacamos el que estaba sucio y lo movimos muy cerca de sus manos. El bebé lo agarró y lo lanzó. La habitación entera quedó sucia. Nosotras, jóvenes, nos pusimos a gritar y salimos corriendo de la habitación. El bebé nos siguió, sin pañales. No podíamos parar de reírnos de que él pensara que fue chistoso hacernos arrancar de la habitación. Había que limpiarlo todo, pero es una historia clásica y chistosa sobre bebés.

Historia 2

C

uando mi querida hija mayor tenía más o menos 11 meses, una vez le estaba cambiando los pañales en el suelo para luego ponerle el pijama.

El amigo de mi esposo estaba ahí. Era un tipo interesante, se vestía bien, tocaba en una banda, no estaba en relaciones ni tenía hijos, etc. Estaba esperando a mi esposo porque iban a salir.

Al pañal se le salió una alita, así que tuve que ir a buscar otro al estante de la cocina, donde los guardo.

El amigo me gritó que la bebé empezó a gatear y se salió de la alfombra en la que estaba acostada.

Le pedí que la volviera a acostar donde estaba, porque en ese tiempo teníamos piso de cerámica y ella estaba desnuda. Llegué a la puerta del living justo cuando él la tomó en brazos. En ese momento, la guagua tuvo una explosión de diarrea y lo ensució entero. Su chaqueta, su polera, sus jeans. Se quedó atónito. Lo único que hizo fue pasarme a mi hija y murmurar algo sobre cambiarse de ropa. No podía parar de disculparme.

Tuve que pasarle algo de ropa de mi esposo para que pudiera irse a su casa. Él aún se acuerda de eso y cuando lo menciona, mi hija, que ya tiene 15 años, no puede con la vergüenza.

Historia 3

C

uando era bebé, hubo un tiempo en el que mis padres le pedían a mi hermana mayor que fuera a la pieza de al lado a ver qué estaba haciendo.

Mi hermana, de cuatro años, entró a la pieza y avisó a nuestros padres, "¡Está con un gato!". Bueno, nosotros no teníamos ningún gato.

Mis papás gritaron, "¡¿Qué gato?!", así que entraron a mi pieza y me encontraron jugando y riendo con un gato. Me imagino que el gato estaba dando vueltas afuera de la casa y entró sin que me diera cuenta y yo me puse a jugar con él como si nada.

Nos tomaron una gran foto y echaron al gato.

Historia 4

La hormiga y el saltamontes

En un día de verano, en un campo, un saltamontes saltaba de allá para acá y era feliz cantando. Mientras tanto pasaba una hormiga, la cual, con gran esfuerzo, llevaba una espina de maíz a su cama.

"¿Por qué no vienes a hablar conmigo, en lugar de malgastar tu vida con tanto trabajo?", preguntó el saltamontes.

"Estoy ayudando a guardar alimento para el invierno. Tú deberías hacer lo mismo", respondió la hormiga.

"¿Para qué molestarse por el invierno?", dijo el saltamontes. "Ya tenemos mucha comida", continuó.

Cuento corto, la hormiga siguió con su arduo trabajo. Cuando llegó el invierno, el saltamontes se encontraba hambriento mientras veía a las hormigas cómo distribuían a diario el maíz y los granos que habían reservado en verano. Entonces, el saltamontes entendió...

MORALEJA: ¡¡LO QUE SIEMBRAS HOY, LO COSECHARÁS MAÑANA!!

Historia 5

A

yer, por alguna extraña razón, mi hija chiquitita quería que le diéramos golpes de karate al pavo del día de acción de gracias, hasta dejarlo despedazado. No paraba de gritar que lo golpeáramos y hacía el gesto de un típico golpe de karate. Sólo se tranquilizó cuando simulamos darle una paliza al pavo.

Historia 6

Después de tener a mi primer hijo, por cesárea, me sentía viva y llena de energía. Feliz a más no poder. Recuerdo que me sentía linda, hermosa y radiante con la bata del hospital. Con gusto dejé que mi familia me tomara todas las fotos que quisieron. Estaba en la cima de todo, mi felicidad no tenía límites. Esto fue en el tiempo en el que había que revelar las fotos para verlas. Cuando al fin vi esas fotos, encontré que me veía hinchada y pálida, como enferma, con los ojos cansados. Sí, la morfina es una cosa muy fuerte.

Historia 7

M

i hija tenía un lenguaje muy avanzado a los dos años. La verdad, estaba orgullosa de eso. Un día estábamos en el supermercado y sacamos un número para comprar queso. Mi hija estaba sentada en el carro de supermercado e intentó tocar el brazo de una señora al lado de ella. La mujer lucía mucha ropa cara y tenía un abrigo de diseño naranjo con unas extrañas marcas negras.

La señora me miró y me dijo que mi hija era muy bonita y que se parecía a Shirley Temple, lo que era verdad; y le dijo a la niña, "¿Qué quieres, chiquitita? Me estabas tocando el brazo, ¿cierto?"

Mi hija le respondió, "¡pareces una jirafa con ese abrigo tan chistoso!"

¡Dios mío, me puse roja como tomate! Caminé hasta donde mi mamá y le dije en voz baja, "anda a buscar el carro de supermercado..."

"¿Qué hizo ahora?", preguntó mi mamá. Sólo le respondí que fuera a buscarlo, que después le explicaba.

Ahora mi hija tiene 27 años y tiene tres hijos. A veces me dice "oh, mamá, hoy pasé vergüenza. Adivina lo que dijo éste".

Jaja, sí, yo ya sé lo que es ser una mamá avergonzada.

Historia 8

M

i sobrina tenía cinco meses y necesitaba pasar tiempo boca abajo para fortalecer la espalda y los músculos de los hombros y los brazos. La niña estaba presentando un poco de irritación de pañal, así que decidimos dejar que estuviera sin el pañal mientras estaba boca abajo, así se refrescaba. Todo bien los primeros cinco minutos, pero luego sucedió algo. Un arcoíris formado por un chorro de caquita de bebé. Era un arco perfecto que aterrizaba en la alfombra, a poco más de medio metro de su cuerpecito. Por suerte mi cuñado aún estaba en el trabajo, así que mi hermana, en un ataque de histeria y risa, se puso a limpiar la alfombra y a la bebé. Está de más decir que esa fue la última vez que mi sobrina tuvo libertad en su tiempo boca abajo.

Historia 9

uando era pequeña, mi mamá me dejaba viendo tele con mi hermano menor. Tenemos nueve años de diferencia, pero aun así yo era muy chica como para preocuparme de prestarle atención a cada rato. Una vez mi mamá nos dejó mirando la tele mientras lavaba la ropa. Cuando volvió, se sentó a ver tele con nosotros un rato. Mi hermano estaba en su corral, de frente a la tele. Mi mamá se sentó en el sofá que estaba atrás del corral, por lo que sólo podía verle la espalda a mi hermano. Después de un rato, mi hermano lanzó un chillido. Lo miré y vi que su cara entera estaba de color café. Me puse a gritar y mi mamá también fue verlo. Las dos nos dimos cuenta de que había estado jugando con su propia caca. La había esparcido por todo el suelo del corral y por todo su cuerpo. Sin embargo, lo peor es que también tenía en toda la cara. Se veía como si se hubiera pintado la cara para que se viera café a propósito. Mi mamá y yo demoramos una hora en bañarlo y limpiar ese desastre.

Historia 10

uando llegué por primera vez del hospital a la casa con mi bebé, me di cuenta de que ama la música. La música lo hace reír cuando está triste y lo ayuda a relajarse cuando tiene sueño. Le gusta mover los piecitos al ritmo de la música. Empecé a cantarle la canción Patty Cake y a jugar con él a las palmas para que dejara de llorar. Amaba tanto Patty Cake que empezaba a hacer palmas al ritmo de la canción por su cuenta y así olvidaba que estaba molesto. Cada vez que se molestaba, yo empezaba a cantar la canción. Debido a esta práctica, cada vez que está molesto empieza a hacer palmas para que yo sepa que lo está. Le tiene miedo a los extraños, entonces también lo hace cuando está cerca de alguno, pero ellos siempre creen que quiere jugar. Cuando tiene hambre, hace palmas. Cuando se hace una heridita, hace palmas. Cuando el bebé tiene hambre, hace palmas. Lo que me llama la atención es que con eso es feliz, entonces se relaja. A veces lo escucho llorar en medio de la noche, pero al rato escucho que está haciendo palmas y después se ríe. Creo que es el bebé más gracioso que hay. Es muy adorable.

Historia 11

E

ra mi primera vez como madre y, como es natural, quería asegurarme de que estaba cuidando y protegiendo a mi bebé de manera adecuada; esto, por supuesto, incluía cambiarle los pañales. Como no quería que mi bebé tuviera irritación de pañal, exageraba un poco con el talco que usaba para mantener su piel fresca y protegida.

Mi suegra estaba muy feliz con su primera nieta, en especial porque era una niña, porque tuvo tres hijos y ninguna hija. Cuando llegó la bebé, ella se ofreció de inmediato para cuidarla cuando fuera necesario.

Tuve un *baby shower* grande, con muchos familiares, y recibí muchos productos para el cambio de pañales, como lociones, pañales desechables y de tela, toallitas húmedas y cosas de ese estilo. La primera vez que mi suegra fue a ver al bebé, yo ya me sentía una experta en cambiar pañales. Desgraciadamente, la bebé se estaba comportando mal y lloraba cuando la llevé donde ella. Mi suegra se sentó en el sofá y dijo que no era ningún problema, que sabía cómo calmar a un bebé. La puso contra su pecho, de frente, con la cabecita en sus hombros y comenzó a darle palmaditas suaves en el pañal. De repente, una nube gigante de talco para bebé salió de los costados del pañal y subió hasta la cara de mi suegra, que empezó a ahogarse y a toser. Sonreí con mucha vergüenza y dije, "¡parece que me pasé con el talco!".

Historia 12

C

uando era chiquitita, dos o tres años, mi mamá me preguntó si podía contar hasta diez. Me pidió que lo hiciera y lo hice. Después me pidió que contara al revés (queriendo decir que contara de diez a uno), ¡así que me paré al revés y conté de uno a diez!

Tengo otra historia. Cuando era aún menor, tal vez tenía dos años, me pasó algo chistoso en la cocina. Para tener esa edad, mi vocabulario era muy avanzado. Mi mamá cuenta que yo estaba parada en mi silla para bebé y que me dijo que tenía que tener cuidado o me podía caer.

La miré, en pañales, y le dije, "es una posibilidad".

Qué tierno, ¿cierto?

Historia 13

¡Despega el avión y nace el bebé!

U

n colega, Nell Minow, cuenta la historia de su prima que se fue a vivir a Chicago y estaba embarazada de su segundo hijo.

El doctor le aseguró que no daría a luz pronto, así que no había problema con que su esposo se fuera tres días a Londres. Mientras ella y su otro hijo veían partir el avión, en el Aeropuerto Internacional Chicago - O'hare, empezaron las contracciones.

Llamó a la única persona que conocía en Chicago, su cuñado, para que fuera a buscar al niño y la fuera a dejar al hospital. Entre contracciones intentó comunicarse con alguien de la aerolínea para pedir que le dieran el mensaje a su esposo.

En medio del Atlántico, el esposo recibió un mensaje del capitán. La aerolínea era espectacular. Apenas llegaron a Heathrow, lo ubicaron en un avión de vuelta.

En medio del Atlántico, por segunda vez en ocho horas, recibió otro mensaje del capitán. Esta vez con una pequeña botella de champaña. "¡Es niño!".

La tercera vez que quedó embarazada, él no se alejó de su lado.

Historia 14

C

uando estaba embarazada de mi segundo hijo, mi hija de dos años tomó unos globos que estaban en el suelo y se los puso dentro de la polera. Me miró con una gran sonrisa y me dijo, "¡mira, mamá, me parezco a ti!". Anduvo mucho rato con esas bubis falsas, no se las quería sacar.

Historia 15

V

ivimos en una granja, por lo que tenemos muchos radio comunicadores para hablar con mayor facilidad entre nosotros. Pasa que justo tenemos uno en la pieza de mi niña, al lado de ella. Una noche la había acostado y le estaba leyendo un cuento para que se durmiera. De pronto, la radio empezó a sonar. No era nada importante, sólo alguien preguntando por un camión donde dejar maíz. Sin embargo, mi hija, que en ese tiempo tenía cuatro años, despertó de un salto y dijo, "mamá, hay algo hablando aquí", mientras miraba para todos lados con los ojos casi cerrados, buscando de dónde venía el ruido.

Historia 16

U

na historia chistosa es de una mañana en la que mi hijito despertó y se puso a gritar y a reír para llamar la atención mía y del papá. Cuando los dos despertamos, se acercó mucho y nos dio una sonrisa gigante. Un poco después, empezó a reírse porque estaba haciendo popó. Cuando le empezamos a cambiar el pañal, nos dimos cuenta de que tenía una marca gigante en la espalda. Su pijama entero estaba sucio.

Historia 17

l gran Frank se estaba arreglando el pelo en la peluquería cuando un camión chocó a un auto, justo afuera. Con una capa en la espalda y el pelo separado con clips de aluminio, Frank, ex paracaidista militar, corrió al auto y encontró al conductor ileso.

Sin embargo, el conductor del camión estaba inconsciente encima del volante. El gran Frank no perdió el tiempo y empezó a aplicar las técnicas de reanimación que aprendió en el ejército, respiración boca a boca incluida. El conductor del camión despertó varias veces, pero cada vez volvía a perder el conocimiento.

Un poco más tarde llegó la ambulancia y los paramédicos se encargaron de la situación. Frank volvió a la silla de la peluquería. "No entiendo por qué se volvía a desmayar. Hice todo lo que me enseñaron", le dijo a la peluquera.

"Bueno, póngase en el lugar del conductor", dijo la peluquera y continuó, "está manejando sin ninguna preocupación y luego despierta sin entender nada y ve a un tipo gigante con una capa verde y la cabeza llena de cosas metálicas presionándole el pecho y besándolo. Usted también se desmayaría".

Historia 18

L

os niños tienen su propia forma de ser chistosos. Una vez le dieron a mi hijo, de siete años, una tarea que consistía en preparar algunas frases sobre "di no a los fuegos artificiales" para ser recitadas en el festival de las luces, que se celebraría pronto en el colegio.

Mi hijo ama los fuegos artificiales, aunque sólo cuando son moderados. Cuando intenté ayudarlo a preparar las frases no quiso memorizarlas, porque dijo que yo le había enseñado que nunca había que mentirle a nadie, entonces decirlas sería ir contra los principios de la familia. Dijo que como amaba los fuegos artificiales, no pensaba preparar frases para esa actividad.

Cuando la actividad se realizó en clases, dijo lo siguiente, "yo amo los fuegos artificiales, por lo tanto no puedo mentir y decir que estoy en contra de ellos". La profesora y los compañeros lo encontraron tan chistoso que se rieron a carcajadas por mucho rato. La profesora me contó todo más tarde.

Aparte de esto, pasó otra cosa. Una vez mi hijo iba bajando la escalera y cuando llegó al primer piso, había un agujero en el suelo y se tropezó. Para no caerse, le agarró la mano a una niña que estaba parada al lado, pero la pobre niña se resbaló y cayó junto con él. Fue chistoso ver cómo los dos se fueron juntos directo al suelo.

Historia 19

Niños y comida

M

i hijo iba comiendo pasas en el asiento trasero del auto. Yo no le estaba prestando atención porque iba al volante. De repente empezó a gritar, "¡sale!¡sale!". Se había puesto una pasa en la nariz y no podía sacarla. Tuve que parar el auto y ayudarlo. Él juraba que fue chistoso.

Historia 20

engo un hijo de dos años que dice cosas de verdad muy chistosas. Cada vez que dice algo así, le pedimos que lo repita, pero dice que no. Cuando no le pedimos que lo haga, ahí sí lo repite.

Hoy fue al baño solo. Me daba miedo de que se hiciera en el suelo, pero fue de verdad al baño. Me puse muy feliz.

Llegamos a la farmacia a buscar algo para su hermana. "Chupete", dice él y el vendedor se ríe. Yo respondo, "¿cómo sabes que aquí venden chupetes?". "Chupete", contesta.

Y adivinen qué. La persona que nos atendió agregó tres chupetes al pedido. Yo sólo me resigné.

Mi hijo estaba jugando con la tablet de mi mamá, pero se le acabó la batería. Entonces le dijo a su hermana, "quiero el celular de la mamá".

Yo me digo a mí misma, "bueno, cree que por poder ir solo al baño puede tener todo lo que quiera. Jaja".

Él sigue repitiendo que quiere mi celular mientras vamos donde el papá y le dice, "papá, chupete".

Le cuento lo que pasó y sólo se ríe. El niño cruza los brazos y se pone como si estuviera enojado y dice, murmurando, "chupete".

En todo ese rato, aún no terminaba el chupete que tenía de hace media hora.

Historia 21

M

i hija de tres años levantó la mano y me dijo "mira la mosca que maté, mamá"

Como en ese momento la niña se estaba comiendo unos jugosos pepinillos, la agarré, la llevé al baño y le lavé esas contaminadas manos con jabón antibacterial.

Después de volverla a sentar para que se siguiera comiendo los pepinillos, le pregunté con asombro, "¿cómo mataste a esa mosca sin ayuda?"

Con comida aún en la boca, me respondió, "le pegué con el pepinillo".

No podía parar de reírme.

Historia 22

M

i prima tenía nueve años cuando mi tía la adoptó. Es como si siempre hubiera sido de la familia, no demoró nada en adaptarse.

En el primer año tuvo una pelea con su mamá (mi tía). Las noches siguientes mi tía despertaba congelada y no sabía por qué. Resultó que mi prima de nueve años estaba bajando la temperatura del calefactor y desconectaba el calientacamas.

Mi prima dijo que con eso "se las pagó".

Historia 23

Una vez, cuando mi hijo tenía dos años y le estaba enseñando a ir al baño solo, le compré un adaptador para la taza, acolchado y con dibujos del Hombre Araña. Estaba muy interesado en este objeto, porque creía que era un juguete, así que deje que lo usara para jugar, ya que estaba nuevo y limpio, así se acostumbraría a verlo y le sería más cómodo y fácil aprender a ir al baño. Unos minutos más tarde tuve que contestar una llamada, así que me distraje por un momento. De pronto escuché a mi hijo llorar y cuando fui a verlo, tenía puesto el adaptador en la cabeza y era muy difícil sacárselo. Creo que lo recuerda como el peor sombrero que se ha puesto.

Historia 24

l hijo de mi cuñado tiene tres años, pero ya es muy inteligente y malvado. Como vio que sus papás hablan mucho por teléfono todos los días, comenzó a mostrar un gran interés por eso. Cada vez que ve a su mamá hablando por teléfono, va rápido donde ella e intenta quitárselo de las manos. También lo intenta con su papá, siempre.

La situación es muy chistosa. El papá le regaló uno de esos celulares de juguete para que se quede tranquilo y se distraiga con eso, pero sigue insistiendo en tener el mismo celular que usan su papá y mamá. Se dio cuenta muy rápido de que su regalo no fue un celular de verdad. Los papás no saben qué hacer para mantenerlo tranquilo y feliz. Yo creo que los niños de esta generación son muy inteligentes, más que los de generaciones anteriores. Los de esta generación se adaptan muy rápido a la tecnología y aman usar ese tipo de cosas, aunque no sepan exactamente cómo funcionan. Son adictos a esas cosas. Imaginen el futuro que tendrá este niño que a los tres años ya ama los dispositivos electrónicos. Cuando sea grande, ya va a haber aprendido a usar computadores, notebooks, tablets, smartphones y otros productos tecnológicos a la perfección.

Historia 25

U

na de las cosas chistosas e interesantes que hacen los niños es imitar a los adultos. Se visten como nosotros, algunas niñas incluso se maquillan como sus mamás, y algunos se ven muy divertidos cuando cantan frente al espejo como su artista favorito. Una vez, cuando mi hija tenía cinco años, la pillé frente al espejo cantando la canción del programa Barney. ¡Fue tan chistoso! Los gestos y el disfraz que preparó para eso fueron hilarantes.

Otra cosa muy chistosa que hacía era quedarse dormida mientras comía en su silla para bebé. Una vez, cuando mi hija era muy pequeña, estábamos tranquilamente tomando sopa y ella empezó a aburrirse, aunque estaba comiendo harto. Comenzó a bostezar mucho y se empezó a quedar dormida. De pronto, se le cayó la cara directo en el plato de sopa. Despertó de golpe, pero en vez de ponerse a llorar, se empezó a reír a carcajadas.

Historia 26

C

uando mi hijo estaba en edad preescolar, solía combinar o cambiar las palabras. Siempre decíamos que deberíamos escribirlas. Las dos más claras eran cuando le dolía el estómago y me decía que tenía dolor de "estomarriga" (la combinación entre "estómago" y "barriga"). La otra es cuando mi esposo tenía una insuficiencia cardíaca congestiva. Cuando alguien le preguntaba cómo estaba su papá, respondía que tenía un "proco" (combinación entre "problema" y "corazón", por "problema al corazón").

Historia 27

A los niños les gusta aprender cosas nuevas y aman a los animales. Una cosa chistosa que hacen es intentar imitar los sonidos que hacen los animales, como por ejemplo el de las vacas, los caballos, los gatos y las gallinas.

Los niños aman repetir las cosas que dicen sus papás u otros adultos, por ejemplo, decirle "cariño" a la mamá sólo porque el papá lo hizo.

A los niños también les gusta jugar en el barro y ensuciarse cuando tienen dos o tres años. También se echan todo a la boca. Es muy chistoso.

A los niños les gusta andar desnudos, a veces frente a las visitas.

Los niños se hacen los fuertes e intentan levantar cosas que no pueden. Es chistoso cuando se ponen nerviosos por eso.

Cuando alguien les da limón a los niños, es gracioso, porque ponen caras divertidas y sus cuerpos se sacuden.

Los niños hacen dibujos divertidos de personas, animales o flores.

Cuando los niños intentan cantar, elevan demasiado la voz.

Es chistoso que los niños lloren por cosas que no tienen sentido, como cuando preguntan llorando quién se tomó su helado, siendo que ellos mismos lo hicieron.

Historia 28

U

na vez le dije a mi hermano que nombrara una fruta de color rojo.

"Manzana", respondió.

Lo felicité y le pedí que nombrara otra fruta de color rojo. Él respondió, "otra manzana".

Una vez fuimos con mi hermana a un zoológico donde había un león detrás de un cristal. El león rugía y mostraba sus ganas de comérsela viva, pero mi hermana también rugió y disfrutó mirando al león. Fue muy chistoso ver eso.

Historia 29

M

i hermana pequeña estaba en la consulta del doctor para su chequeo médico anual. Tenía más o menos tres años.

La enfermera estaba haciendo las típicas pruebas de coordinación, como tocarse la nariz, levantar los brazos, saltar, etc. Como era una chiquitita saludable, no tuvo ningún problema.

Tras eso, la enfermera le dijo, "párate en un pie".

Mi hermana pequeña miró a la enfermera, luego miró hacia abajo y dudó un instante. Después caminó hacia adelante y se paró en uno de los pies de la enfermera.

Historia 30

V arios años atrás, cuando mi hija era muy chiquitita, fuimos a ver una casa que queríamos comprar. Todos recorrimos la casa entera; la sala de estar, la cocina, el jardín trasero, el garaje, el segundo piso, donde estaban las cuatro habitaciones y un baño, y otro baño en el primer piso.

Era un día soleado y tibio, así que estuvimos ahí un buen rato. Nos ofrecieron algo para beber y conversamos con los dueños de la casa. Discutimos varios temas. Cómo era el lugar, la gente, los clubes, los colegios, la locomoción, las tiendas, los vecinos, etc.

Primero nos sentamos en el jardín, luego nos sentamos en la cocina. Cuando ya se hacía tarde, nuestra hija menor se empezó a aburrir. No nos habíamos dado cuenta que llevábamos mucho rato ahí. Había sido más de una hora, casi dos.

Salimos de la casa y nos quedamos hablando en el antejardín. En eso pasó el vecino de al lado y nos saludó.

Mi hija preguntó muy fuerte, "¿es un abuelo?".

Todos sonreímos y nos reímos despacio para que el vecino no nos escuchara, porque no era un abuelo, era una abuela. Aún nos reímos de eso. Es un día que no le dejaremos olvidar, aunque esos vecinos ya se mudaron.

Historia 31

T

engo una historia de algo muy chistoso que hizo mi primo hace unos diez años. Tenía un año, pero hacía muchas cosas que otros niños a esa edad aún no hacen, como hablar y caminar, entre otras cosas que a esa edad no suelen haber aprendido.

Un día estábamos en el mall con su papá buscando un regalo de navidad para su mamá. El mall estaba llenísimo, era casi imposible caminar sin tocar a las demás personas que andaban ahí.

Mi primo vio a una mujer, adulta, que me imagino encontró bonita. Cuando pasó por al lado de nosotros, le pegó una palmada en el trasero. La mujer se dio vuelta sorprendida, asumiendo que fue el papá de mi primo quien lo hizo, porque cómo lo iba a hacer un niñito de esa edad. Casi voy a parar al suelo de la risa.

Otra historia chistosa de bebés es sobre mi hija. Cuando era muy chiquitita, un par de meses de edad, todos los días, en un momento determinado, se ponía a gritar extremadamente fuerte. Salía de la ducha a ver qué le pasaba y gritaba más fuerte. No entendía por qué lo hacía.

Hasta que un día no me duché a la hora de siempre, en la noche, sino que me duché en la mañana. Adivinen qué pasó. Se puso a gritar de nuevo. Resulta que era que se aterraba con cómo se veía mi pelo mojado, así que después de descubrirlo, comencé a esperar a que se durmiera para ducharme.

Historia 32

F

altaba poco para el quinto cumpleaños de mi hijo y resulta que amaba a Hulk. Dentro del fin de semana le íbamos a hacer una gran celebración en la casa, pero nos decidimos además por comprar cupcakes y que celebraran en su jardín el día exacto de su cumpleaños.

De camino al local donde mandamos a hacer los cupcakes, empezó a gritar, "¡quiero platos de Hulk y servilletas de Hulk y helado verde!", pero yo le respondí que haríamos una fiesta con cosas de Hulk el fin de semana, porque no podía pagar dos fiestas grandes y que si esta vez compraba sólo los cupcakes, entonces podría pagar otra celebración. Se lo repetí una y otra vez.

Después de que se celebró el cumpleaños de mi hijo en el jardín, me llamó la profesora. "No quiero que pases vergüenza, pero pasó algo muy bueno como para no contarte", dijo riendo descontroladamente y continuó, "al final de la clase, puse un cupcake en cada puesto y empezamos a cantar cumpleaños feliz a Logan". Dijo que Logan estaba haciendo pucheros y se notaba que no estaba feliz. De repente un niño se paró y gritó, "¡odio los cupcakes! ¿Por qué tu mamá no compró una torta?"

Dijo que Logan salió disparado del asiento, caminó hasta quedar frente al otro niño y lo sentó de un grito, "¡mi mamá no podía pagar una torta, así que siéntate, cállate y cómete tu maldito cupcake!"

Ahora tiene 22 años y para sus cumpleaños siempre le compro un cupcake de Hulk para acompañar la torta que ahora sí puedo pagar.

Historia 33

Estaba en la playa con una amiga y su hijito. Creo que el niño tenía dos años en ese entonces. Estaba corriendo por la orilla y de pronto se cayó de cara en la arena. El chiquito empezó a llorar de inmediato, pero con lágrimas de cocodrilo, y mi amiga se paró y fue corriendo a verlo. Lo levantó y le dio un fuerte abrazo. El niño aún lloraba, pero paró de hacerlo de un momento a otro y me miró con esa mirada de un villano que logra engañar al héroe. Después de eso comenzó a llorar de nuevo. Nunca olvidaré esa mirada. Mi amiga estaba completamente loca por el niñito, así que ni se dio cuenta.

Historia 34

E

staba ayudando a mi hermana a trabajar en la escuela dominical. Los niños eran muy intranquilos y parece que tenían más energía temprano en la mañana. Esos niños tenían entre 6 y 7 años, así que aún no aprendían mucho en la escuela. Había, entre esos niños, unos gemelos que nunca se quedaban quietos. Siempre intentaban hacer bromas para llamar la atención, entre los dos o contra el otro.

Un día no podíamos encontrar a uno de los gemelos. No estaba. Íbamos a jugar a algo, pero no lo encontrábamos. Le preguntamos a su hermano, pero dijo que no sabía nada. Gritamos su nombre, pero nada. Gritamos que si no aparecía, tendríamos que llamar a sus papás. Entonces, su hermano empezó a sonreír y fue caminando a un clóset que había ahí, abrió la puerta y adentro estaba su hermano, con el dinero para la caridad. Se lo había dado a cambio de que se escondiera e hiciera que nos preocupáramos. Muy chistoso.

A veces los niños pueden llegar a ser tan malos que me siento mal por sus padres. Nunca he visto a otros hermanos que hagan tantas tonterías como esos dos. Era interesante la conexión que tenían.

Historia 35

Hoy mi hijo de tres años estaba en el baño y mi hija de cinco años creía que necesitaba que lo animaran un poco. El niño se inclinó un poco hacia adelante para que mi hija mirara. Cuando vio un poco de caquita caer, le dijo, "lo estás haciendo muy bien. Ya llevas una, sigue así". Cada vez que escuchaba caer algo, le decía, "¡sí, buen trabajo!".

El niño respondió, "¡sí! Lo hice, mamá. ¿Estás contenta?".

Historia 36

H

ubo un año en el que los juguetes *Zhu Zhu Pets* fueron muy populares y era muy difícil encontrarlos en las tiendas. Le compramos algunos a mi hija, porque como viajábamos harto, pasábamos por varias tiendas. Nunca jugó con ellos. ¡Parece que aunque algo sea popular, no todos lo van a querer!

Historia 37

U

na vez, cuando trabajaba en una guardería, había un niño que siempre se portaba mal. Algunos encargados de la guardería y yo le teníamos que decir constantemente, "Connor, ¿cuáles eran las instrucciones?"

Lo corregimos en varias oportunidades para evitar que accidentalmente se hiciera daño o hiciera daño a los demás

Otro niño, de cinco años, iba siempre a intentar escucharnos hablar sobre el comportamiento de Connor. En medio de una clase de pintura, el niño de cinco años fue donde mí y me dijo como si nada, "a Connor le gusta ir a la cárcel".

Le pedí que repitiera lo que dijo, porque creí haber escuchado mal, pero volvió a decir, "a Connor le gusta ir a la cárcel".

A estas alturas yo pensaba que quizás Connor era el ex de su mamá o que tenía algún primo con problemas que se llamaba así. Le pregunté si sabía quién era Connor, a lo que respondió que sí y agregó con total indiferencia, "Connor es el bebé en la panza de mi mamá. Le gusta ir a la cárcel" y se fue a continuar con su pintura.

Cuando pasé mirando las pinturas y vi la suya, me di cuenta de que era una imagen de su familia, incluyendo una mamá de palitos con un circulito como estómago para representar que estaba embarazada.

Historia 38

U

na vez estaba en la casa de mi amiga y mi ahijada estaba corriendo por la casa. Se estaba portando mal.

Su mamá, mi mejor amiga, salió de la casa y mi ahijada se empezó a desesperar porque quería estar con ella, pero hacía mucho frío como para salir.

Lo único que se me ocurrió para distraerla fue ponerme un balde en la cabeza y empezar a perseguirla. Se rió como loca todo el rato. Corrimos en círculos alrededor de la mesa de centro, fuimos hasta la cocina y después de vuelta a la mesa de centro y al final la atrapé y la levanté.

Después me sacó el balde y se lo puso en su propia cabeza. Se veía muy chistosa. Esta niñita desordenada me quería perseguir, así que la bajé y tan pronto como me puse a correr, empezó a seguirme a toda velocidad, pero iba directo a un estante lleno libros. Entré en pánico, pero ella se reía sin perder la sonrisa. Menos mal que el balde la salvó de un cabezazo con el estante y cuando su mamá volvió, le mostró el nuevo truco del balde en la cabeza.

Historia 39

M

i hijo, Zackary, tiene tres años. Desde que nació que ha sido todo un comediante. Siempre ha sido sarcástico y ha tenido sentido del humor.

Hace poco, cuando estaba nevando y hacía mucho frío, le dije, "no me gusta la nieve".

"A mí sí me gusta", respondió.

"No me gusta el frío", le dije.

"A mí sí me gusta", respondió.

"Zackary, eres tan bueno para contrariar", le dije.

"Mami, yo no soy bueno para contrariar, tú lo eres", respondió.

Ahora también empezó a echarles la culpa a su hermano y a otros, como por ejemplo, por tirarse pedos o hacerse. Cuando él se hace, dice, "¡mamá, el papá tuvo un accidente!".

Mi hijo también es alto y flaco. Le gusta saltar en charcos y hoy saltó en algunos en la escuela. Su profesor le puso los pantalones de recambio que yo le mando en la mochila, aunque son un poquito grandes para él. Más tarde, cuando lo fui a buscar, íbamos caminando hacia el auto y cuando llegamos a la puerta se le cayeron los pantalones hasta los tobillos y quedó ahí parado, semidesnudo. Se dio vuelta, se rió y me dijo, "mamá, es luna llena".

Tiene una obsesión con usar las palabras "caquita" y "pompas" y suele reemplazar palabras en canciones infantiles por "caquita". Una vez, fuimos a ver un partido de los *Pittsburgh Pi-*

rates (también conocidos como los *Bucks*) y cuando gritábamos "vamos, Bucks", él gritaba, "Vamos, pompas".

Historia 40

M

is niños me hacen reír todo el día. Cuando mi hija tenía alrededor de nueve años, entró a la cocina tropezando y con cara de preocupación y seriedad. En ese mismo ánimo me preguntó qué le pasaba al basurero. Sin entender nada, me demoré unos minutos en darme cuenta de que tenía basura en una mano y le tuve que explicar que el basurero no estaba malo, sino que saqué la bolsa llena de basura a la calle y olvidé poner una nueva.

Hace poco, la semana pasada, le pedí que lavara la loza. Consideren que la mayoría de las veces usaba mi lavaplatos como tendedero, porque suelo lavar todo a mano, por lo que mis hijos están acostumbrados a sacar loza limpia del lavaplatos. Ella lavó una pila de platos, los puso en el lavaplatos y lo encendió. Confundida, le pregunté por qué encendería el lavaplatos después de lavar a mano y me respondió de lo más natural que como esa es la forma en que yo lo hago, ella quería hacerlo bien. Supongo que no puedo culparla.

Historia 41

M

i hijo camina dormido y se hace pipí en el piso de la cocina. ¡Qué suerte que justo es cuando no tengo ganas de trapear otra vez!

¿Mi hija menor? Creo que está loca. Se pasea y pregunta a TODOS cuándo tendrán un bebé. Literalmente, a TODOS. Esta niñita te puede hacer retorcerte de la risa toda la noche.

Tus comentarios y recomendaciones son fundamentales

Los comentarios y recomendaciones son cruciales para que cualquier autor pueda alcanzar el éxito. Si has disfrutado de este libro, por favor deja un comentario, aunque solo sea una línea o dos, y házselo saber a tus amigos y conocidos. Ayudará a que el autor pueda traerte nuevos libros y permitirá que otros disfruten del libro.

¡Muchas gracias por tu apoyo!

¿Quieres disfrutar de más buenas lecturas?

Tus Libros, Tu Idioma

Babelcube Books ayuda a los lectores a encontrar grandes lecturas, buscando el mejor enlace posible para ponerte en contacto con tu próximo libro.

Nuestra colección proviene de los libros generados en Babelcube, una plataforma que pone en contacto a autores independientes con traductores y que distribuye sus libros en múltiples idiomas a lo largo del mundo. Los libros que podrás descubrir han sido traducidos para que puedas descubrir lecturas increíbles en tu propio idioma.

Estamos orgullosos de traerte los libros del mundo.

Si quieres saber más de nuestros libros, echarle un vistazo a nuestro catálogo y apuntarte a nuestro boletín para mantenerte informado de nuestros últimos lanzamientos, visita nuestra página web:

www.babelcubebooks.com[1]

---

1. http://www.babelcubebooks.com